1884 Mai 26

VENTE

DU LUNDI 26 MAI 1884

AQUARELLES DE GAVARNI

COMMISSAIRE-PRISEUR

Me P. CHEVALLIER

EXPERT

M. E. FÉRAL

IMPRIMERIE PILLET ET DUMOULIN
RUE DES GRANDS-AUGUSTINS, 5, A PARIS.

Collection de M. Hetzel.
Vendue précédemment par lui
à un amateur.

AQUARELLES

DE

GAVARNI

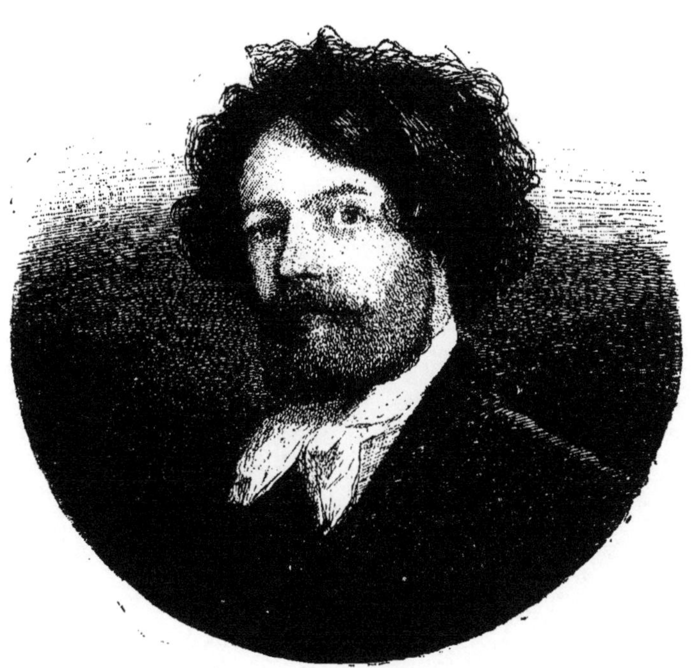

GAVARNI

CATALOGUE

DE

CENT TRENTE-QUATRE

AQUARELLES IMPORTANTES

DE

GAVARNI

DONT LA VENTE AURA LIEU

HOTEL DROUOT, SALLE N° 8

Le Lundi 26 Mai 1884, à deux heures,

Par le ministère de Me **Paul CHEVALLIER**, Commissaire-Priseur

Assisté de **M. E. FÉRAL**, Expert.

EXPOSITIONS

PARTICULIÈRE, le Samedi 24 Mai 1884,
PUBLIQUE, le Dimanche 25 Mai 1884,

De 1 heure à 5 heures.

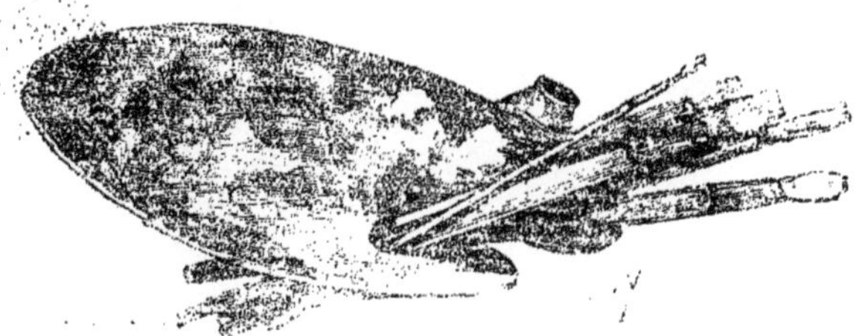

SE TROUVE A PARIS CHEZ

Me PAUL CHEVALLIER
COMMISSAIRE-PRISEUR
10, rue Grange-Batelière.

M. E. FÉRAL, Peintre
EXPERT
54, Faubourg-Montmartre

CONDITIONS DE LA VENTE

La vente sera faite au comptant.

Les acquéreurs payeront cinq pour cent en sus des enchères applicables aux frais.

L'adjudication des aquarelles mises en vente ne conférera pas à l'acquéreur le droit de reproduction qui demeure réservé.

Paris. — Typ. Pillet et Dumoulin, 5, rue des Grands-Augustins.

L'art si multiple dans ses manifestations ne connaît cependant que deux sortes de peintres : ceux qui travaillent avec la main et ceux qui travaillent avec le cerveau. Chez les premiers, il ne reste plus rien quand la main faiblit. Chez les seconds, l'idée guide les doigts et défend l'artiste jusqu'au bout.

C'est ce qui s'est produit pour Gavarni, dont chaque coup de crayon ou chaque trait de plume contenait non pas seulement une intention, mais une pensée. Nous sommes parfois resté en admiration et en rêverie devant une aquarelle accrochée dans le cabinet de travail de l'éditeur Hetzel, cet homme de tant de goût qui fut souvent l'inspirateur et presque toujours le conseiller des auteurs qu'il édite. Ce dessin porte cette simple légende : La femme à Polyte. *Il représente une créature hâve, coiffée d'un madras, les épaules couvertes d'un châle tombant en cloche presque jusqu'à terre, afin de dissimuler les mystères du corsage et les raccommodages de la jupe. Il n'y a pas un pli de ce cache-misère qui ne vous chuchote une confidence sur la vie de cette malheureuse. Tout parle dans ce chef-d'œuvre: le rictus de la bouche, l'horreur entassée dans cet œil caverneux qui semble effrayé de ce qu'il a vu; les cheveux collés sur le front par la sueur de l'ignominie. On croit entendre une voix absinthée et rauque sortir de cette poitrine ravagée.*

C'est dans les touches légères et enlevées de l'aquarelle, que ce peintre moraliste a concentré ses facultés d'observation rapide et d'exécution pourtant si minutieuse. Largeur dans le détail, transparence dans les teintes et majesté dans les lignes, Gavarni aquarelliste ne ressemble à personne et aucun aquarelliste ne ressemble à Gavarni.

Cette profondeur de conception et cette puissance expressive font de lui comme le Balzac du dessin. Ces deux grands hommes, qui pourtant se sont à peine connus, avaient cependant entre eux des ressemblances frappantes. Même désordre dans la vie, même aspiration vers une fortune fantastique qui les fuyait toujours, même obstination à tenter des découvertes qui ne se réalisaient jamais, étant absolument irréalisables.

Et au milieu de ces vagabondages d'imagination, un même esprit lucide, désenchanté et positif qui faisait écrire à Balzac ses Parents pauvres, *et qui inspirait à Gavarni ce cri du cœur échappé à une femme à califourchon sur une chaise, un verre de champagne à la main :*

« Ah! madame Adolphe! madame Adolphe! je ne serais pas ce que je suis sans mon vieux serpent de mère! »

L'écrivain et l'artiste se retrouvent encore dans le privilège qu'ils ont gardé tous deux de résister aux écarts de la mode. Le trait est si pénétrant qu'il s'enfonce et s'incruste dans la chair. Le pinceau de Gavarni est resté aussi jeune et aussi actuel que son esprit.

Et, bien qu'il ait passé à travers tous les mondes, depuis les chicards en casques à plumet jusqu'aux propriétaires en redingote noisette, son crayon est demeuré la distinction même. C'est la finesse et aussi la couleur de Bonington et de Watteau, avec cette sûreté et cette science dans le dessin que tant d'autres négligent, probablement comme inutiles, dans des œuvres de cette dimension.

On trouvera résumées dans la collection des aqua-

reiles offertes aux admirateurs du talent de ce grand artiste, ces paroles qu'il répétait volontiers, et que MM. de Goncourt citent dans leur ouvrage si vivant intitulé : Gavarni, l'homme et l'œuvre.

« Je tâche de faire dans mes lithographies des bonshommes qui me disent quelque chose. Oui, ils me disent ma légende, c'est pour cela qu'on les trouve bien en scène, avec le geste si juste. Ils me parlent; ils me dictent. Quelquefois, je les interroge très longtemps. Les légendes poussent dans mon crayon sans que je les prévoie ou que j'y aie pensé avant. »

Nous nous demanderons en terminant comment il se fait que nos musées qui n'ont pas un seul Millet ne possèdent pas non plus un seul Gavarni.

HENRI ROCHEFORT.

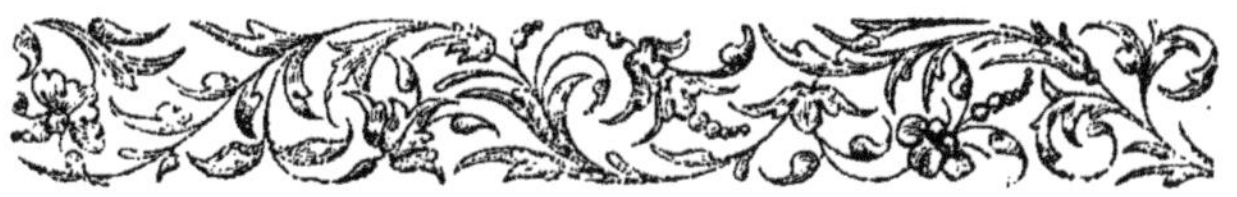

DÉSIGNATION

1 — *Le Carré de l'hypothénuse? (Vous avez bien connu le carré des Champs-Élysées) Eh b'en! c'est un carré comme ça!... pas si long.*

Deux personnages vus jusqu'aux genoux; un vieillard en cravate blanche, vu de face, causant avec un jeune homme en robe de chambre, vu de profil.

Belle aquarelle.

Haut., 29 cent.; larg., 21 cent.

2 — *Un Invalide du sentiment.*

Un homme costumé, portant un faux nez, coiffé d'un chapeau à claque, appuyé sur une canne et marchant avec une jambe de bois.

Superbe aquarelle gouachée.

Haut., 32 cent.; larg., 21 cent.

3 — *Mon homme est à Mazas!*

Deux femmes du peuple mal vêtues : l'une vue de face, les bras croisés sur la poitrine; l'autre de profil, les mains sur la hanche.

Aquarelle.

Haut., 29 cent.; larg., 19 cent.

4 — ..... *Mais ! faut pas qu'on m'ostine.*

Une vieille blanchisseuse debout, les mains sous son tablier.

Belle aquarelle gouachée.

Haut., 29 cent.; larg., 19 cent.

5 — « *Le Paysan qui cherche son veau* »... *c'est moi.*

Il est debout, penché vers la gauche, en costume rose tendre, le sourire aux lèvres, le binocle sur le nez, et coiffé d'une toque avec plume.

Aquarelle.

Haut., 30 cent ; larg , 21 cent.

6 — *Un « Père noble » !*

Vu de face, le chapeau sur l'oreille, les mains dans ses poches.

Belle aquarelle gouachée.

Haut., 30 cent.; larg., 21 cent.

7 — *A été bien !*

Un personnage vu de face jusqu'aux genoux, chapeau mou sur l'oreille, paletot gris.

Aquarelle.

Haut., 29 cent.; larg., 19 cent.

8 — *Attend sa Bichette.*

Un homme debout, tourné à gauche, les mains dans les poches de son pardessus.

Aquarelle.

Haut., 30 cent.; larg., 21 cent.

9 — *Le Débardeur a fait son temps.*

Il est tourné vers la droite, courbé, appuyé sur un bâton, la jambe droite ployée; il marche avec une béquille.

Aquarelle gouachée.

Haut., 31 cent.; larg., 21 cent.

10 — *Contentement.*

Chiffonnier debout, vu de face, appuyé sur le bâton de son crochet.

Aquarelle.

Haut., 29 cent., larg., 21 cent.

11 — *Souci.*

Un chiffonnier portant la hotte, tenant son crochet et marchant vers la droite.

Aquarelle.

Haut., 29 cent.; larg., 21 cent.

12 — *Sans souci.*

Une femme du peuple, debout, la figure souriante, regardant le spectateur, les mains sur les hanches.

Aquarelle gouachée.

Haut., 29 cent.; larg., 21 cent.

13 — *Sans tabac !*

Vieille femme vue de face, la tête penchée, couverte d'un fichu, les mains cachées sous son tablier.

Aquarelle.

Haut., 29 cent.; larg., 21 cent.

14 — *Avec armes et bagages.*

Une jeune femme debout, vue de face, élégamment vêtue, les mains dans un manchon.

Aquarelle gouachée.

Haut., 29 cent; larg., 21 cent.

15 — *Le Propriétaire.*

Un personnage en paletot gris, l'air important, paraît donner des ordres ; un second personnage, le chapeau à la main, l'écoute avec déférence.

Belle aquarelle.

Haut., 29 cent.; larg., 21 cent.

16 — *Innocence.*

Une jeune fille debout, vue de profil, tournée vers la droite, les mains sous son tablier.

Aquarelle gouachée.

Haut., 29 cent.; larg., 21 cent.

17 — *Des Hannetons pour un liard.*

Un jeune garçon à la figure joyeuse, un rameau sur l'épaule, un petit sac à la main.

Aquarelle.

Haut., 29 cent.; larg., 21 cent.

18 — *La Crinoline, moi, je porte ça dans ma hotte.*

Une chiffonnière, le crochet à la main, marchant vers la gauche.

Aquarelle.

Haut., 29 cent.; larg., 21 cent.

19 — *Le Macadam est comme l'amour! ça a des moments pas propes.*

Balayeur debout, vu de face, le bras droit porté derrière le dos, la main gauche tenant le balai.

Aquarelle.

Haut., 29 cent.; larg., 21 cent.

20 — *Madame Vautour.*

Femme âgée debout, tournée à droite, la tête rentrée dans un ample manteau bordé de fourrure.

Aquarelle gouachée.

Haut., 29 cent.; larg., 21 cent.

21 — *Les Hommes... de jolis cocos!...*

Jeune femme à l'air prétentieux coiffée d'un chapeau jaune à rubans noués sous le menton, grand châle effiloché.

Aquarelle.

Haut., 29 cent.; larg., 21 cent.

22 — *Caporal et sergent.*

Deux cuisiniers debout, vus à mi-jambes et causant.

Très belle aquarelle gouachée.

Haut., 27 cent.; larg., 21 cent.

23 — *Galanterie.*

Un pierrot marchant vers la droite et portant un bouquet.

Aquarelle gouachée.

Haut., 29 cent.; larg. 21 cent.

24 — *Mosieu le Sous-Préfet.*

Il est debout, en cravate blanche et robe de chambre, le ruban à la boutonnière, gilet de soie à reflet gorge de pigeon, pantalon noir.

Superbe aquarelle, d'une remarquable finesse de tons.

Haut., 30 cent.; larg., 21 cent.

25 — *Pour lors, un soir, Talma me dit : Cora...*

Une vieille femme coiffée d'un bonnet, en camisole et jupon blanc, l'air important, prenant une prise de tabac.

Superbe aquarelle gouachée.

Haut., 30 cent.; larg., 21 cent.

26 — *Bravoure.*

Un homme debout, cambré, chapeau mou sur l'oreille, portant un faux nez et tenant la batte d'arlequin.

Très belle aquarelle gouachée.

Haut., 30 cent.; larg., 21 cent.

27 — *Un Moment à soi.*

Un garçon boulanger debout, vu de profil, les mains au dos, la pipe à la bouche.

Aquarelle.

Haut., 30 cent.; larg.; 21 cent

28 — « *Une Touche.* »

Un homme costumé en pierrot, tenant une bouteille et vacillant sur ses jambes.

Aquarelle gouachée.

Haut, 30 cent.; larg., 21 cent.

29 — *Un Fort propriétaire.*

Un gros fermier debout, tourné vers la droite, en manches de chemise, les mains dans les poches de son pantalon tenu par des bretelles ; coiffé d'un bonnet de coton et tournant la tête vers le spectateur.

Aquarelle gouachée.

Haut., 30 cent.; larg., 21 cent.

30 — *Monsieur Dimanche.*

Debout, vu de face, le chapeau sur la tête, cravate blanche, gilet de soie noire, paletot gris à longues manches, laissant voir le bout des doigts gantés.

Aquarelle.

Haut., 30 cent.; larg., 21 cent.

31 — *Un Pays.*

Un paysan endimanché, vu de face, le chapeau sur l'oreille, marchant les mains dans les poches de sa veste.

Aquarelle.

Haut., 30 cent.; larg., 21 cent.

32 — *Vice et Misère.*

Un homme coiffé d'un fez, les mains dans les poches d'un vêtement effiloché, marche vers la gauche en regardant le sol.

Aquarelle.

Haut., 30 cent.; larg., 21 cent.

33 — *Importance.*

Un monsieur debout, raide, le chapeau sur la tête, pardessus gris, collet relevé encadrant la figure et boutonné sous le menton ; il tient une badine.

Belle aquarelle.

Haut., 30 cent.; larg., 21 cent.

34 — *Innocence.*

Un villageois avec gilet rouge et veste bleue est tourné vers la droite, les mains derrière le dos.

Aquarelle.

Haut., 31 cent.; larg., 21 cent.

35 — *Et, pour la canaille et Messieurs les militaires, un sou !*

Un charlatan debout, sur une place publique, montrant une drogue dans un flacon ; une table et un tambour sont près de lui.

Aquarelle gouachée.

Haut., 30 cent.; larg., 21 cent.

36 — *Voilà qui vient de pa'ait'e.*

Un homme debout, tourné à droite, tenant des feuilles volantes.

Aquarelle.

Haut., 30 cent.; larg., 21 cent.

37 — *Sans domicile.*

Vagabond debout, tourné vers la droite, appuyé sur son bâton.

Aquarelle.

Haut., 30 cent.; larg., 21 cent.

38 — *Sans profession.*

Vagabond à barbe blonde, vu de face, appuyé contre un talus, son bâton posé à sa droite.

Aquarelle.

Haut., 30 cent.; larg., 21 cent.

39 — « *Vieux vagabond, le soleil est à moi !* »
(BÉRANGER).

Un vieux mendiant aux vêtements effilochés, appuyé contre un monticule de terre au plein soleil ; sa blouse et son chapeau jetés à terre.

Très belle aquarelle gouachée.

Haut., 30 cent.; larg., 21 cent.

40 — *Vieillesse et Sagesse.*

Un vieillard couvert d'un manteau effiloché marche vers la gauche appuyé sur un bâton.

Aquarelle.

Haut., 30 cent.; larg., 21 cent.

41 — *Tantôt je demande, tantôt je prends.*

Un mendiant appuyé sur une béquille et tendant son chapeau.

Aquarelle gouachée.

Haut., 28 cent.; larg., 21 cent.

42 — *Euphrosine.*

Vieille femme vue de profil, tournée vers la droite, un madras noué autour de la tête.

Aquarelle rehaussée de blanc à la gouache.

Haut., 28 cent.; larg., 21 cent.

43 — *Aglaé.*

Vieille femme vue presque de face, les mains dans les poches de son tablier, un mouchoir à carreaux noué sur sa tête.

Aquarelle légèrement gouachée.

Haut., 28 cent.; larg., 21 cent.

44 — *Thalie.*

Vieille femme, vue de profil, tournée vers la droite, les mains dans les poches de son tablier, un mouchoir rouge noué autour de sa tête.

Aquarelle gouachée.

Haut., 28 cent.; larg., 21 cent.

45 — *Banlieue. Nourrisseur et capitaine.*

Un paysan debout, vu de dos, en pantoufles et manches de chemise.

Aquarelle gouachée.

Haut., 29 cent.; larg., 21 cent.

46 — « *Taxus baccata* »; (*en français : le gros t'if.*)

Un amateur jardinier, debout, tourné à gauche, coiffé d'un chapeau de paille, les lunettes sur le nez; autour de lui, des plantes dans des pots étiquetés.

Très belle aquarelle gouachée.

Haut., 28 cent.; larg., 21 cent.

47 — *Wellingtonia, je veux bien, mais gigantea !...*

Un jardinier en tablier bleu, vu de face, montrant un petit arbuste dans un godet.

Aquarelle.

Haut., 29 cent.; larg., 21 cent.

48 — « *On a parlé d'elle* ».

Vieille femme debout, tournée légèrement à droite, coiffée d'un chapeau de paille à larges bords, les mains sous son tablier.

Aquarelle.

Haut., 30 cent.; larg., 21 cent.

49 — *On m'a fait mon mouchoir.*

Un mendiant debout, de profil, tourné à gauche, cherchant dans ses poches.

Aquarelle.

Haut., 28 cent.; larg., 21 cent.

50 — *Fouchtra.*

Un charbonnier debout, vu de face, les mains dans ses poches, son paletot posé sur sa blouse.

Aquarelle.

Haut., 28 cent.; larg., 21 cent.

51 — *Un Vicomte.*

Jeune homme en pantalon blanc et chemise bleue, dans un paysage, appuyé à un monticule de terre.

Belle aquarelle gouachée.

Haut., 28 cent.; larg., 21 cent.

52 — « *Les Fièvres* ».

Un mendiant courbé sur lui-même, les mains appuyées sur un bâton.

Aquarelle.

Haut., 28 cent.; larg., 21 cent.

53 — *Cherche un bailleur de fonds.*

Un homme mal vêtu se promenant dans la campagne, un bâton à la main.

Aquarelle.

Haut., 29 cent.; larg., 21 cent.

54 — *On dit : « Mariez-vous, vous ferez bien. » Moi, non, je dis : Mariéz-vous, vous ferez mal..... et ne vous mariez pas, vous ferez mieux.*

Deux individus, dans un paysage, marchant vers la gauche et causant.

Très belle aquarelle.

Haut., 27 cent.; larg., 21 cent.

55 — *Mosieu Biblot.*

Il est debout, les cheveux en désordre, couvert d'une robe de chambre; il regarde vers la gauche d'un air peu satisfait.

Des meubles et des porcelaines encombrent le second plan.

Aquarelle.

Haut., 28 cent.; larg., 21 cent.

56 — *Bravoure.*

Un homme, costumé en pierrot, marchant avec fermeté vers la gauche, le fusil sur l'épaule.

Aquarelle gouachée.

Haut., 30 cent.; larg., 21 cent.

57 — *Circonspection.*

Un homme costumé en pierrot, armé d'un fusil, penché en avant et marchant avec précaution.

Très belle aquarelle gouachée.

Haut., 30 cent.; larg., 21 cent.

58 — *Un Poète coloriste.*

Il est dans un intérieur, cheveux et barbe en désordre, couvert d'une robe de chambre.

Aquarelle.

Haut., 30 cent.; larg., 21 cent.

59 — *Poète élégiaque.*

Il est debout, les mains dans ses poches, adossé à une butte de terre, la tête penchée sur la poitrine.

Aquarelle.

Haut., 28 cent.; larg., 21 cent.

60 — *Poète érotique.*

Il est debout, tourné vers la droite, les mains dans ses poches; casquette sur la tête.

Aquarelle.

Haut., 28 cent.; larg., 21 cent.

61 — *Poète lyrique.*

Il est debout, tête nue, en cravate blanche, le ruban à la boutonnière, les mains derrière le dos.

Belle aquarelle.

Haut., 28 cent.; larg., 21 cent.

62 — *Une Tenue militaire.*

Un saltimbanque debout et cambré, les mains derrière le dos; il porte un vêtement de toile à carreaux rouges, une ceinture bleue, le sabre au côté.

Aquarelle.

Haut., 29 cent.; larg., 21 cent.

63 — « *Que va donc faire le Sir de Framboisy ?* »

Il est debout, les bras croisés, coiffé d'un chapeau à poil, écharpe à la ceinture, l'épée au côté.

Aquarelle.

Haut., 29 cent.; larg., 21 cent.

64 — *Quand le sens moral, voyez-vous, est oblitéré !...*

Deux jardiniers montés sur une petite échelle causent par dessus le mur d'un jardin.

Belle aquarelle.

Haut., 27 cent.; larg.. 21 cent.

65 — *Ne faut pas demander, mais la pauvreté n'est pas défendue.*

Une vieille mendiante debout, tournée vers la gauche, et appuyée sur un bâton.

Aquarelle.

Haut., 28 cent.; larg., 21 cent.

66 — *Pierrot partant pour la guerre, trompette d'un régiment.*

Il est debout, cambré, la main sur la hanche, de profil, tourné à droite.

Aquarelle gouachée.

Haut., 29 cent.; larg., 21 cent.

67 — *C'est le jeune homme de chez nous qu'en aurait besoin d'un fort tuteur.....*

Un jardinier, l'air joyeux, les bras tendus, appuyé sur deux tuteurs.

Aquarelle.

Haut., 28 cent.; larg., 21 cent.

68 — *Un Capitaliste.*

Un vieillard mal vêtu, vu de face et tenant devant lui une boîte où se trouvent des petits objets.

Aquarelle.

Haut., 28 cent.; larg., 21 cent.

69 — *Petit commerce.*

Un marchand de lorgnettes, vu de profil, tourné vers la gauche; sous son bras, un paquet dans un mouchoir.

Aquarelle.

Haut., 28 cent.; larg., 21 cent.

70 — *Plus d'honneur; plus de jeunesse; plus de pain!*

Une femme âgée, assise au sommet d'un rocher, les jambes pendantes dans le vide, la tête penchée vers le gouffre.

Aquarelle gouachée, pleine de sentiment.

Haut., 27 cent.; larg., 21 cent.

71 — *Le V'là.*

Un homme tête nue, la main droite cachée sous sa blouse, attend à l'angle d'un mur un commissionnaire portant un paquet.

Belle aquarelle.

Haut., 27 cent.; larg., 21 cent.

72 — *Toute-fois-et-quand vous parlez au concierge, on ôte son chapeau.*

Un portier debout, tourné à droite, l'abdomen très proéminent; il tient son balai et regarde d'un air important.

Aquarelle.

Haut., 28 cent.; larg., 21 cent.

73 — *Ma Toile.*

Un artiste coiffé d'un chapeau mou, la main droite sur la hanche, la gauche appuyée sur une toile à peindre.

Aquarelle.

Haut., 30 cent.; larg., 21 cent.

74 — *De l'Ecole du Parmesan.*

Un artiste, une toile sous le bras, marchant avec précipitation vers la gauche.

Aquarelle.

Haut., 30 cent.; larg., 21 cent.

75 — *Toute une journée sans changer de jambe.*

Un mendiant posé sur un pied et appuyé sur deux béquilles.

Belle aquarelle.

Haut., 28 cent.; larg., 21 cent.

76 — *Le Dimanche.*

Un jeune homme assis sur un petit monticule, courbé sur lui-même, appuyé sur ses genoux; il a ôté son habit et son chapeau et paraît accablé par la chaleur; une jeune femme est couchée près de lui le long d'un champ de blé.

Très belle aquarelle gouachée d'une fraîcheur et d'une finesse de tons remarquables.

Haut., 27 cent.; larg., 21 cent.

77 — « *En maison chez un M'sieu seul* ».

Une soubrette debout, vue de dos, la main droite appuyée sur un balai.

Aquarelle.

Haut., 27 cent.; larg., 21 cent.

78 — *Ce qui fait l'homme, c'est le cheval.*

Un jeune homme debout en toilette du matin, vu de face tenant un fouet.

Très belle aquarelle gouachée.

Haut., 30 cent.; larg., 21 cent.

79 — *Recherche les sites pittoresques.*

Un bandit debout vu de profil et tenant un bâton.

Aquarelle gouachée.

Haut., 28 cent.; larg., 21 cent

80 — ..... *Au Mont-de-piété.*

Une femme vue de profil marchant vers la gauche et tenant un paquet dans un mouchoir.

Aquarelle.

Haut., 27 cent.; larg., 21 cent.

81 — *Coquetterie.*

Jeune femme debout vêtue d'une robe jaune.

Aquarelle gouachée.

Haut., 27 cent.; larg., 21 cent.

82 — *Dire que y a du monde qui travaillent !*

Un vieux mendiant à barbe blanche; les deux mains sous le menton et appuyé comme un homme qui savoure le plaisir du repos.

Aquarelle.

Haut., 27 cent.; larg., 21 cent.

83 — *Les Semaines que le dimanche tombe un lundi, les femmes marronnent.*

Un ouvrier à l'air riant, en tenue de travail, appuyé contre un petit mur fermant le jardin d'une guinguette; près de lui, une table où se trouvent une bouteille et deux verres.

Belle aquarelle.

Haut., 28 cent.; larg., 21 cent.

84 — *Quand on travaille, on travaille; quand on s'amuse, on s'amuse.*

Un homme, habillé en femme, marche vers la gauche tenant un parapluie sous son bras.

Belle aquarelle.

Haut., 31 cent.; larg., 21 cent.

85 — *Si on les aime! les Anglais, à bord de « la Belle-Pauline » ; on en mangerait.*

Un marin debout, pantalon blanc, veste rouge à collet bleu.

Aquarelle gouachée.

Haut., 29 cent.; larg., 21 cent.

86 — *Ballon captif.*

Une jeune femme surprise dans la campagne par un coup de vent.

Aquarelle gouachée.

Haut., 27 cent.; larg., 21 cent.

87 — *Les Parisiens, joli monde!... mais pas d'eau chez eux pour len' baigner.*

Un marin debout, vue de face, les mains dans ses poches.

Aquarelle.

Haut., 28 cent.; larg., 21 cent.

88 — *Le Guet.*

Une femme debout à l'angle d'un mur, un mouchoir à carreaux noué sous le menton; au second plan, deux bandits se cachent armés chacun d'un bâton.

Aquarelle.

Haut., 27 cent.; larg., 21 cent.

89 — *L'Enfant a bu sa goutte, et la mère aussi.*

Une femme debout tournée vers la gauche et tenant son enfant.

Aquarelle gouachée.

Haut., 29 cent.; larg., 21 cent.

90 — « *Le Pâle voyou...* ».

Un garçon debout dans la campagne, vu de face, les mains dans ses poches.

Aquarelle.

Haut., 27 cent.; larg., 21 cent.

91 — *Douze degrés Réaumur.*

Une jeune femme grelotante, un mouchoir à raies rouges noué sous le menton, les bras croisés sur la poitrine, marchant vers la droite.

Aquarelle.

Haut., 27 cent.; larg., 21 cent.

92 — « *A bon vinaigre* ».

Un garçon de quinze à seize ans marchant vers la gauche et portant sur ses épaules un petit enfant.

Aquarelle.

Haut., 27 cent.; larg., 21 cent.

93 — *Le Petit de la blanchisseuse, sera-t-il blanchisseur? Sera-t-il maréchal de France?*

Une femme debout tenant son enfant dans ses bras; dans le fond, du linge sur un séchoir.

Aquarelle.

Haut., 27 cent.; larg., 21 cent.

94 — *Tous les petits de ces maisons où n'y a pas de concierge, c'est mal élevés!*

Un portier, la tête chauve, vu de face à mi-corps, les mains dans les poches de sa veste.

Aquarelle.

Haut., 28 cent.; larg., 21 cent.

95 — *Y a ballet et balai.*

Une vieille femme vue à mi-corps de face, coiffée d'un bonnet recouvert d'un chapeau à larges bords, un châle effiloché sur les épaules, la main droite appuyée sur un ba'ai.

Dessin par hachures et lavis d'aquarelle.

Haut., 27 cent.; larg., 21 cent.

96 — *J'ai été bayadère, me v'là balayeuse.*

Une femme âgée vue à mi-corps et tenant un balai.

Très beau dessin par hachures et lavis.

Haut., 27 cent.; larg., 21 cent.

97 — *Bondieux pas cher.*

Un homme debout, les mains dans ses poches et portant sur la tête des figurines en plâtre.

Aquarelle finement exécutée par hachures et traits à la plume.

Haut., 28 cent.; larg., 21 cent.

98 — *Ém11 !*

Un homme tenant un parapluie, les vêtements en désordre, marchant vers la gauche.

Dessin par hachures et lavis d'aquarelle.

Haut., 28 cent.; larg., 21 cent.

99 — *Encore sept ans !*

Un vieillard, la tête chauve, vu à mi-jambes, assis sur une pierre auprès d'une fenêtre grillée.

Dessin à la plume, lavé d'aquarelle.

Haut., 26 cent.; larg., 21 cent.

100 — *Un « Cheval de retour ».*

Un homme vu à mi-corps, de face, assis devant la table d'un cabaret; devant lui, deux verres et une bouteille.

Dessin par hachures et lavis d'aquarelle.

Haut., 27 cent.; larg., 21 cent.

101 — *Le Dernier des chicards.*

Vu à mi-corps, cambré, la tête tournée vers la droite, large vêtement à raies bleues, écharpe sur l'épaule.

Dessin par hachures, rehaussé d'aquarelle et gouaché.

Haut., 29 cent.; larg , 21 cent.

102 — *Je va faire des farces !*

Un homme costumé, la chevelure hérissée, une large collerette, un maillot et une écharpe rayée à la ceinture.

Belle aquarelle.

Haut., 30 cent.; larg., 21 cent.

103 — *Moi, le carnaval, je ne trouve pas ça très gai.*

Un homme debout, costumé, un bilboquet attaché à la ceinture.

Dessin à la plume lavé d'aquarelle.

Haut., 29 cent., larg., 21 cent.

104 — *Avec tout ça, moi je ne vois pas où peut être passée mon épouse.*

Un homme costumé, vu de face, les bras croisés sur la poitrine, coiffé d'un chapeau qui lui descend sur le nez.

Très beau dessin, par hachures et lavis.

Haut., 29 cent.; larg., 21 cent.

105 — *Ne lui parlez pas des locataires.*

Un portier en veste bleue, vu à mi-corps, l'air en courroux.

Très beau dessin, par hachures et lavis.

Haut., 27 cent.; larg., 21 cent.

106 — *Un Impressario.*

Un jeune garçon debout, tourné vers la gauche, portant des marionnettes et un tambourin.

Belle aquarelle, par hachures et traits à la plume.

Haut., 29 cent.; larg., 21 cent.

107 — *Le Nouveau Seigneur.*

Un fermier debout, tourné vers la droite, coiffé d'un bonnet de coton, les mains dans les poches de sa blouse.

Dessin à la plume, lavé d'aquarelle.

Haut., 30 cent.; larg., 20 cent.

108 — *Le Passé, le Présent et l'Avenir, trente sous.*

Une vieille femme, vueà mi-corps, couverte d'un ample manteau et appuyée sur un bâton. Dans le fond, un serpent dans un bocal et des cartes collées au mur.

Dessin par hachures et lavis d'aquarelle.

Haut., 25 cent.; larg., 18 cent.

109 — *Ce qu'elle n'aime pas, « la Belle Pauline », c'est l'eau douce.*

Un marin debout, vu de profil, tourné vers la gauche.

Aquarelle.

Haut. 29 cent.; larg., 21 cent.

110 — *Commerce des « petits bondieux ».*

Un vieillard debout, tourné vers la gauche, la tête penchée, et portant devant lui une boîte tenue par une courroie.

Dessin par hachures et lavis d'aquarelle.

Haut., 28 cent.; larg., 21 cent.

111 — *A été « un rude lapin ».*

Un vieillard debout, à barbe blanche.

Dessin par hachures et lavis d'aquarelle.

Haut., 28 cent.; larg., 21 cent.

112 — *La Prise.*

Une vieille femme tournée légèrement vers la droite, couverte d'un châle blanc, un mouchoir rayé autour de la tête.

Dessin par hachures et lavis d'aquarelle gouaché.

Haut., 28 cent.; larg., 21 cent.

113 — *Et Jupiter, v'là ce qu'il est devenu.*

Un électriseur, vu à mi-corps, debout devant une table et tenant un bocal, une machine électrique placée à sa gauche.

Dessin par hachures et lavis d'aquarelle.

Haut., 27 cent.; larg., 21 cent.

114 — *Ça sera « pour se donner des forces.* »

Un ouvrier debout, vu de face, regardant une bouteille.

Dessin par hachures et lavis d'aquarelle.

Haut., 28 cent.; larg., 21 cent.

115 — *C'était « pour se donner des forces* ».

Un homme ivre, vu de face, appuyé à un mur et vacillant à gauche.

Plume et lavis d'aquarelle.

Haut., 28 cent.; larg., 21 cent.

116 — ***Le Homard a toujours été contraire à ma constitution.***

Un homme costumé en pierrot se frotte la poitrine.

Superbe aquarelle gouachée.

Haut., 28 cent.; larg., 21 cent.

117 — *Un « portier oriental ».*

Debout, de profil, tourné à gauche, il porte un faux nez, un mouchoir noué autour de la tête, vêtement rayé avec écharpe et tablier.

Dessin par hachures et lavis d'aquarelle.

Haut., 27 cent.; larg., 21 cent.

118 — *Et pas le sou pour souper !*

Deux personnages vus jusqu'aux genoux: un homme costumé vu de profil, les mains sur les hanches; une jeune femme également costumée, vue de face, les mains dans ses poches.

Très belle aquarelle gouachée.

Haut., 27 cent.; larg., 21 cent.

119 — *N'oubliez pas, bourgeois, que vous ne devez jamais faire à vos femmes ce que vous ne voudriez pas qu'il vous fût fait !*

Un saltimbanque debout, le lorgnon sur le nez, le bras gauche levé, indiquant qu'il joint le geste à la parole; il porte un costume de toile collant à carreaux, des plumes dans ses cheveux lui donnent l'air d'un sauvage.

Aquarelle.

Haut., 28 cent.; larg., 21 cent.

120 — *Ne parlez pas de Jupiter aux bourgeois! ce qui donne aujourd'hui, dans la pose, c'est le bon Dieu.*

Un vieux modèle à barbe blanche, vu à mi-corps, les bras croisés, le chapeau sur la tête, un manteau sur les épaules.

Aquarelle.

Haut., 26 cent.; larg., 21 cent.

121 — *N'a jamais dit de bien de personne.*

Une vieille femme debout, tournée vers la gauche, tenant un cabas.

Dessin par hachures et lavis gouaché.

Haut., 27 cent.; larg., 21 cent.

122 — *Tu parles de quatre-vingt-neuf! Qu'est-ce que t'étais, en quatre-vingt-neuf?..... un gamin!*

Deux vieillards marchant ensemble; l'un appuyé sur son parapluie, l'autre sur sa canne.

Dessin par hachures et lavis d'aquarelle.

Haut., 27 cent.; larg., 21 cent.

123 — *Le Vin.*

Un ouvrier et sa jeune femme, se tenant par le bras, dansent d'un air joyeux dans la campagne.

Superbe aquarelle, remarquable par la fraîcheur des tons, l'esprit et le mouvement gai et entraînant des deux personnages.

Haut., 28 cent.; larg., 21 cent.

124 — *Le Gin.*

Un homme à l'air morose, vacillant sur ses jambes, suivi d'une vieille femme.

Aquarelle.

Haut., 28 cent.; larg., 21 cent.

125 — *Considérations sur l'abus des Gendarmeries.*

Deux mendiants; l'un assis, vu à mi-jambes, tenant un bâton; l'autre au second plan, vu de dos.

Dessin par hachures et lavis d'aquarelle.

Haut., 23 cent.; larg., 18 cent.

126 — *Les Mauvais locataires, ça vient des concierges : un locataire, est-ce qu'on le fait !*

Une femme debout, raide, la main sur la hanche, armée d'un balai.

Belle aquarelle gouachée.

Haut., 27 cent.; larg., 21 cent.

127 — *En v'là un gros saoul !*

Un gamin regardant un homme ivre, marchant vers la gauche, les mains dans ses poches.

Très beau dessin, par hachures et lavis d'aquarelle.

Haut., 28 cent.; larg., 21 cent.

128 — *Qui qui va le faire... mon bonheur ?*

Un vieux bonhomme en costume persan, le lorgnon sur le nez, les mains tendues. Il attend.

Aquarelle.

Haut., 27 cent.; larg., 21 cent.

129 — *Bon Dieu! six pour cent, pas davantage !... et une petite commission.*

Un usurier, vu à mi-corps, de face, faisant avec ses mains le geste d'un homme qui compte sur ses doigts.

Aquarelle par hachures et traits à la plume.

Haut., 25 cent.; larg., 21 cent.

130 — « *La Concierge du trente-sept* » *a connu Mademoiselle Duchesnois.*

La main droite sur la hanche, elle tient un trousseau de clefs, descend un escalier en levant la tête d'un air important.

Aquarelle.

Haut., 27 cent.; larg., 21 cent.

131 — *La Foi dans les cartes, l'Espérance en la loterie et la Charité envers les chats.*

Trois vieilles femmes vues à mi-corps, tournées vers la droite, couvertes de châles et de manteaux, des mouchoirs nouées autour de la tête.

Belle aquarelle.

Haut., 25 cent.; larg., 21 cent.

132 — *Ho-hé ! Fatmé, ho-hé !*

Un homme en costume oriental, debout, les mains à la ceinture, la tête levée, ayant l'attitude d'un homme qui appelle.

Aquarelle.

Haut., 29 cent.; larg., 21 cent.

133 — *Quand nos demoiselles auront fini d'offenser la morale publique, on va souper.*

Un homme debout, vu de face, les mains derrière le dos, couvert d'un ample manteau rougeâtre, veste à broderies d'or, culottes blanches, bottes montant au-dessus des genoux, chapeau à plumes.

Superbe aquarelle, d'une fraîcheur de tons remarquable, gouachée dans les blancs.

Haut., 30 cent.; larg., 21 cent.

134 — *Ces vilains hommes, ma chère, ça ne fait que penser aux femmes !*

Deux petites grisettes, vues jusqu'aux genoux et courant d'un air joyeux dans la campagne.

Beau dessin, par hachures et lavis d'aquarelle.

Haut., 26 cent.; larg., 21 cent.

www.ingramcontent.com/pod-product-compliance
Ingram Content Group UK Ltd.
Pitfield, Milton Keynes, MK11 3LW, UK
UKHW020428180726
13839UKWH00003B/1405

9 782329 486772